교과 연계 속담으로 어휘력을 키우는

# 초등 속담 따라 쓰기

1단계

교과 연계 속담으로 어휘력을 키우는

**초등 속담 따라 쓰기** 1단계

**초판 1쇄** 발행 2026년 2월 10일

**지은이** 구본영
**펴낸이** 한승수
**펴낸곳** 하늘을나는교실

**편집** 구본영
**마케팅** 박건원, 김홍주
**디자인** 이새봄

**등록번호** 제395-2009-000086호
**주소** 서울특별시 마포구 동교로 27길 53, 309호
**전화** 02 338 0084
**팩스** 02 338 0087
**메일** moonchusa@naver.com

ISBN 978-89-94757-81-0 73710



* 책값은 뒤표지에 있습니다.

* 잘못된 책은 구입처에서 교환해 드립니다.

**어린이제품안전특별법에 의한 제품 표시**
**제조자명** 하늘을나는교실 | **제조년월** 2025년 12월 | **제조국** 대한민국 | **사용연령** 6세 이상 어린이 |
**제품 주소 및 연락처** 서울시 마포구 동교로 27길 53 지남빌딩 309호 (02)338-0084

# 초등 속담 따라 쓰기

교과 연계 속담으로 어휘력을 키우는

1단계

글 | 구본영
그림 | 박정제

짧은 속담 한마디에 생각이 무럭무럭!

일상 속 친숙한 예문으로 재미있게 배워요

비슷한 속담과 사자성어도 비교하며 익혀요

또박또박 따라 쓰며 바른 손글씨를 익혀요

맞춤법 연습하고 빈칸을 채우며 어휘력을 키워요

하늘을 나는 교실

# 속담 쓰며 배우는
# 고운 마음 바른 글씨

속담은 삶에 대한 교훈과 일상 속 지혜를 표현한 짧은 글이에요. 오랜 세월 동안 전해져 내려온 간결한 문장에는 헤아릴 수 없을 만큼 깊은 뜻이 담겨 있지요. 우리는 속담을 통해 올바르게 생각하고 행동하는 법을 배울 수 있어요.

'백지장도 맞들면 낫다'라는 속담을 통해 서로 돕고 협동하는 태도의 가치를 배우고, '가는 말이 고와야 오는 말이 곱다'와 같은 속담을 통해 서로 배려하는 소통의 중요성을 깨달을 수 있어요. '구르는 돌은 이끼가 안 낀다' 같은 속담을 통해서는 꾸준히 노력하는 자세의 가치를 이해할 수 있습니다.

속담은 길고 지루하게 설명해야 하는 상황을 짧고 흥미롭게 설명하는 데 효과적이에요. 연필이나 지우개를 코앞에 두고도 보이지 않아 찾지 못할 때가 종종 있지요? 이럴 때 '등잔 밑이 어둡다'라는 속담을 사용하면 상황을 간결하고 재미있게 전달할 수 있답니다.

이 책에는 일상에서 자주 쓰이는 속담과 교과 과정에 포함되는 속담을 담았어요. 속담과 속담의 뜻풀이를 천천히 읽고, 바른 글씨로 따라 쓰다 보면 우리를 둘러싼 세계를 이해하고 소통하는 실력이 향상될 거예요.

매일매일 조금씩 속담 따라 쓰기를 실천해 보세요. 삐뚤빼뚤 어설픈 글씨는 또박또박 반듯한 글씨로 교정될 것이고, 어휘력과 표현력, 문해력도 쑥쑥 자라나 있을 거예요. 이 책과 함께 넓고 깊은 속담의 세계를 즐겁게 탐험해 보아요.

☞ 이 책에는 일상에서 자주 사용하는 속담과 교과 과정에 포함되는 속담을 담았어요. 표준국어대사전 뜻풀이를 따르되 어린이들이 쉽게 이해할 수 있도록 표현을 다듬었습니다.

☞ 어린이들이 일상에서 친숙하게 접하는 주제로 예문을 만들었어요. 대화, 독후감, 일기, 편지 등 다양한 예문을 통해 속담이 사용되는 맥락을 자연스럽게 파악할 수 있어요.

☞ 이해의 폭과 깊이를 더욱 확장할 수 있도록 의미가 비슷한 속담이나 사자성어, 어려운 낱말 풀이를 덧붙여 두었어요.

☞ 필순을 지키며 바른 글씨를 쓰도록 칸 노트와 줄 노트를 넉넉히 준비해 두었어요. 흐린 글자 위에 천천히 따라 쓴 다음, 칸 노트와 줄 노트를 채워 보세요.

☞ 띄어쓰기를 반영해 만들어 둔 빈칸을 채우며 속담을 정확하게 익혔는지 확인하고, 알맞은 단어에 ○ 하면서 맞춤법을 연습해요. 문장을 이루는 글자와 단어에 자연스럽게 호기심을 가질 수 있어요.

☞ 어울리는 뜻 연결하기, 빈칸 채우기, 알맞은 낱말 찾기, 가로세로 낱말 퍼즐을 재미있게 풀며 배운 속담을 완벽하게 복습해요.

# 차례

## 제1장
## 바른길로 이끄는 지혜

제2장

# 어울리며 배우는 인간관계

## 제3장
# 넘어져도 일어나는 용기와 희망

## 제4장
# 위대한 자연과 귀여운 동물

제5장

# 즐겁고 유쾌한 일상

## 제1장

# 바른길로 이끄는 지혜

# 01 백지장도 맞들면 낫다

아무것도 적혀 있지 않은 흰 종이 한 장처럼, 아주 가벼운 것이라도 서로 협력해서 들면 훨씬 더 쉽다는 뜻이에요.

비슷한 사자성어

## 십시일반(十匙一飯)

열 숟가락의 밥이 모여 한 그릇이 된다는 뜻이에요. 여러 사람이 조금씩 힘을 합하면 한 사람을 돕기 쉽다는 의미예요.

공부한 날: 월 일

## 1. 속담을 읽고 따라 써 보세요.

| | | | | | | | | | | | |
|---|---|---|---|---|---|---|---|---|---|---|---|
| 백 | 지 | 장 | 도 | | 맞 | 들 | 면 | | 낫 | 다 | |
| 백 | 지 | 장 | 도 | | 맞 | 들 | 면 | | 낫 | 다 | |
| 백 | 지 | 장 | 도 | | 맞 | 들 | 면 | | 낫 | 다 | |
| | | | | | | | | | | | |
| | | | | | | | | | | | |

## 2. 속담을 또박또박 써 보세요.

## 3. 바르게 쓴 것에 ○ 하세요.

백지장도 맛들면 | 맞들면 낫다

# 02 돌다리도 두들겨 보고 건너라

튼튼한 돌다리도 세심하게 확인하며 조심히 건너라는 의미예요. 잘 아는 일이라도 주의를 기울이라는 뜻을 담은 속담이에요.

**비슷한 속담**

## 얕은 내도 깊게 건너라

잘 아는 일이라도 세심하게 주의하라는 말이에요.

공부한 날: 월 일

## 1. 속담을 읽고 따라 써 보세요.

| 돌 | 다 | 리 | 도 | | 두 | 들 | 겨 | | 보 | 고 | |
|---|---|---|---|---|---|---|---|---|---|---|---|
| 건 | 너 | 라 | | | | | | | | | |

| 돌 | 다 | 리 | 도 | | 두 | 들 | 겨 | | 보 | 고 | |
|---|---|---|---|---|---|---|---|---|---|---|---|
| 건 | 너 | 라 | | | | | | | | | |

| | | | | | | | | | | | |
|---|---|---|---|---|---|---|---|---|---|---|---|
| | | | | | | | | | | | |

## 2. 속담을 또박또박 써 보세요.

## 3. 빈칸을 채워 속담을 완성해 보세요.

| | | |
|---|---|---|

도 두들겨 보고

| | | |
|---|---|---|

# 03 입에 쓴 약이 병에는 좋다

써서 먹기 힘든 약이 병을 고친다는 말이에요. 충고나 비판은 듣기 싫지만, 그것을 잘 받아들이면 결국 도움이 된다는 뜻이에요.

○월 ○일 ○요일

내가 저녁까지 숙제 미루는 것을 보고 누나가 "딴짓 그만하고 얼른 숙제부터 해!"라고 잔소리를 해서 기분이 나빴다. 하지만 다시 생각해 보니 누나 말대로 숙제를 오늘 끝내야 내일 덜 힘들 것 같았다. **입에 쓴 약이 병에는 좋다**더니 정말 그런 것 같다.

**비슷한 속담**

## 이로운 말은 귀에 거슬린다

귀에 거슬리는 말은 나에게 유익하므로 잘 판단해서 받아들여야 한다는 뜻이에요.

공부한 날: 월 일

1. 속담을 읽고 따라 써 보세요.

| 입 | 에 | | 쓴 | | 약 | 이 | | 병 | 에 | 는 | |
|---|---|---|---|---|---|---|---|---|---|---|---|
| 좋 | 다 | | | | | | | | | | |

| 입 | 에 | | 쓴 | | 약 | 이 | | 병 | 에 | 는 | |
|---|---|---|---|---|---|---|---|---|---|---|---|
| 좋 | 다 | | | | | | | | | | |

2. 속담을 또박또박 써 보세요.

3. 바르게 쓴 것에 ○ 하세요.

입에 쓴 약이 병에는 조타 | 좋다

# 04 윗물이 맑아야 아랫물이 맑다

윗사람이 바르고 깨끗해야 아랫사람도 따라서 바르게 행동한다는 뜻이에요.

**비슷한 속담**

## 맑은 샘에서 맑은 물이 난다

근본이 좋아야 훌륭한 후손이 나온다는 말이에요.

공부한 날:　　월　　일

1. 속담을 읽고 따라 써 보세요.

| 윗 | 물 | 이 | | 맑 | 아 | 야 | | 아 | 랫 | 물 | 이 |
|---|---|---|---|---|---|---|---|---|---|---|---|
| 맑 | 다 | | | | | | | | | | |

| 윗 | 물 | 이 | | 맑 | 아 | 야 | | 아 | 랫 | 물 | 이 |
|---|---|---|---|---|---|---|---|---|---|---|---|
| 맑 | 다 | | | | | | | | | | |

2. 속담을 또박또박 써 보세요.

3. 빈칸을 채워 속담을 완성해 보세요.

☐☐ 이 맑아야 ☐☐☐ 이 맑다

# 05 바늘 도둑이 소도둑 된다

작고 사소한 잘못이라도 습관이 되면 나중에 더 큰 죄를 저지를 수 있다는 뜻이에요.

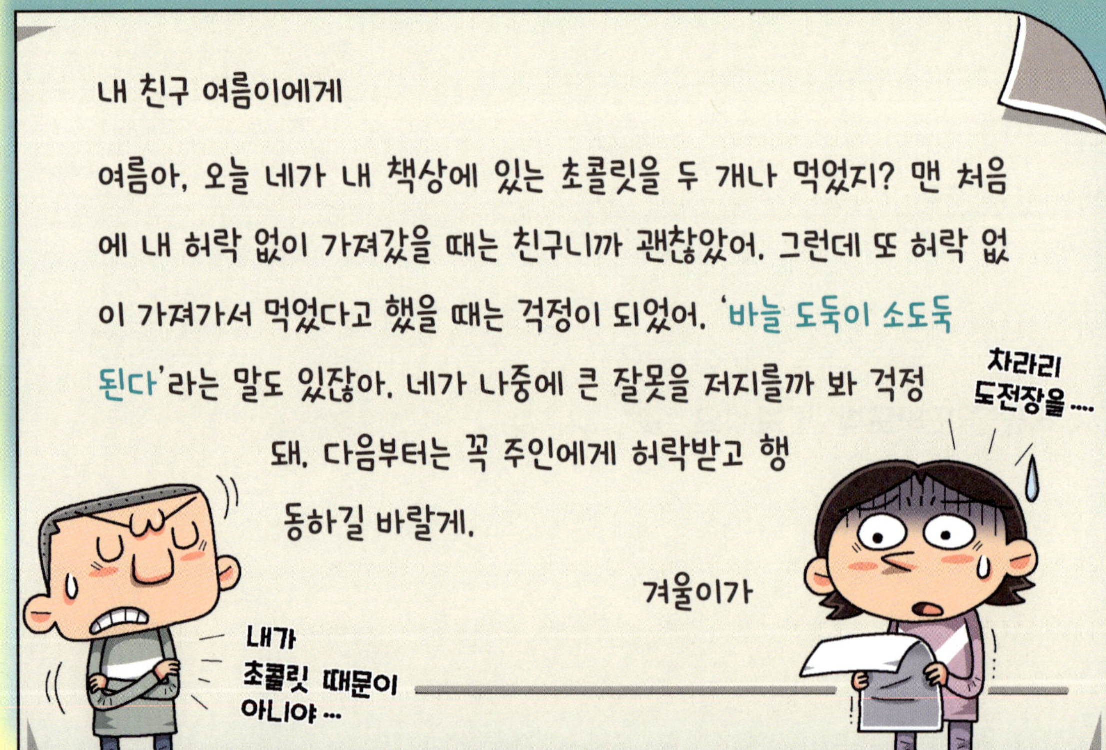

내 친구 여름이에게

여름아, 오늘 네가 내 책상에 있는 초콜릿을 두 개나 먹었지? 맨 처음에 내 허락 없이 가져갔을 때는 친구니까 괜찮았어. 그런데 또 허락 없이 가져가서 먹었다고 했을 때는 걱정이 되었어. '바늘 도둑이 소도둑 된다'라는 말도 있잖아. 네가 나중에 큰 잘못을 저지를까 봐 걱정돼. 다음부터는 꼭 주인에게 허락받고 행동하길 바랄게.

겨울이가

## 소도둑

소를 훔친 도둑이라는 뜻도 있고, 능글맞고 욕심 많은 사람이라는 뜻도 있어요.

공부한 날: 월 일

1. 속담을 읽고 따라 써 보세요.

바늘 도둑이 소도둑 된다

바늘 도둑이 소도둑 된다

2. 속담을 또박또박 써 보세요.

3. 빈칸을 채워 속담을 완성해 보세요.

□□ 도둑이 □□□ 된다

# 06 등잔 밑이 어둡다

너무 가까이 있어서 도리어 잘 안 보인다는 뜻이에요. 등잔 밑이 어두워서 등불 아래에 있는 바늘이 안 보이는 것처럼, 소중한 것을 가까이 두고 알아보지 못한다는 의미예요.

오늘은 '찾아볼까? 숨은그림찾기 1000'을 읽으면서 숨은 그림을 찾았다. 울타리에 숨은 크레용 그림을 찾기 어려웠다. **'등잔 밑이 어둡다'**라는 속담처럼 코앞에 둔 그림을 발견하지 못한 게 신기했다.

### 업은 아이 삼 년 찾는다

가까이 두고도 까맣게 잊어버리고 엉뚱한 데에 가서 오래도록 찾아 헤매는 경우를 표현하는 말이에요.

공부한 날: 월 일

## 1. 속담을 읽고 따라 써 보세요.

| 등 | 잔 |  | 밑 | 이 |  | 어 | 둡 | 다 |  |  |  |
|---|---|---|---|---|---|---|---|---|---|---|---|
| 등 | 잔 |  | 밑 | 이 |  | 어 | 둡 | 다 |  |  |  |
| 등 | 잔 |  | 밑 | 이 |  | 어 | 둡 | 다 |  |  |  |
|  |  |  |  |  |  |  |  |  |  |  |  |
|  |  |  |  |  |  |  |  |  |  |  |  |

## 2. 속담을 또박또박 써 보세요.

## 3. 바르게 쓴 것에 ○ 하세요.

등잔 밑이 | 미치 어둡다

# 07 시작이 반이다

무슨 일이든 시작하는 것이 참 어렵지요? 일단 일을 시작하고 나면 끝내는 것은 그리 어렵지 않다는 뜻이에요.

오늘은 가족들과 집 근처에 있는 산에 갔다. 등산을 시작하면서 '정상까지 도대체 언제 올라가나?' 걱정했는데, 삼촌이 '**시작이 반이다**' 라고 말씀해 주셨다. 삼촌의 응원으로 걱정이 사라졌다. 오늘은 태어나서 처음으로 정상에 오른 특별한 날이다.

**비슷한 속담**

## 만 리 길도 한 걸음으로 시작된다

아무리 큰 일도 작은 일부터 시작된다는 말이에요.

공부한 날: 월 일

## 1. 속담을 읽고 따라 써 보세요.

시작이 반이다

시작이 반이다

시작이 반이다

## 2. 속담을 또박또박 써 보세요.

## 3. 빈칸을 채워 속담을 완성해 보세요.

＿＿이 ＿이다

# 08 하나를 보고 열을 안다

어떤 한 가지를 보고 그것과 이어진 다른 것도 짐작해서 이해한다는 뜻이에요. 영리하고 총명한 사람에게 쓰는 말이에요.

비슷한 속담

## 하나를 부르면 열을 짚는다

한마디 말을 듣고 여러 가지를 알 정도로 매우 똑똑하다는 말이에요.

공부한 날: 월 일

1. 속담을 읽고 따라 써 보세요.

| 하 | 나 | 를 | | 보 | 고 | | 열 | 을 | | 안 | 다 |
|---|---|---|---|---|---|---|---|---|---|---|---|
| 하 | 나 | 를 | | 보 | 고 | | 열 | 을 | | 안 | 다 |
| 하 | 나 | 를 | | 보 | 고 | | 열 | 을 | | 안 | 다 |
| | | | | | | | | | | | |
| | | | | | | | | | | | |

2. 속담을 또박또박 써 보세요.

3. 빈칸을 채워 속담을 완성해 보세요.

☐☐ 를 보고 ☐ 을 안다

# 09 구르는 돌은 이끼가 안 낀다

이끼는 습한 곳에서 자라는 식물이에요. 돌이 계속 구르면 이끼가 낄 시간이 없겠지요? 꾸준히 노력하는 사람은 뒤처지지 않고 계속 발전한다는 뜻이에요.

내 친구 봄이에게

봄아, 늘 새로운 것에 도전하는 너의 모습이 정말 멋져. 겨울 방학 동안 스키를 새로 배웠다고 했지? '구르는 돌은 이끼가 안 낀다'라는 속담처럼, 꾸준히 노력하는 너는 언제나 성장하고 있는 것 같아. 나도 너를 본받아서 더 열심히 할 거야!

여름이가

비슷한 속담

## 흐르는 물은 썩지 않는다

언제나 일하고 공부하며 단련해야 시대에 뒤떨어지지 않고 발전한다는 뜻이에요.

공부한 날: 월 일

1. 속담을 읽고 따라 써 보세요.

| 구 | 르 | 는 | | 돌 | 은 | | 이 | 끼 | 가 | | 안 |
|---|---|---|---|---|---|---|---|---|---|---|---|
| 낀 | 다 | | | | | | | | | | |

| 구 | 르 | 는 | | 돌 | 은 | | 이 | 끼 | 가 | | 안 |
|---|---|---|---|---|---|---|---|---|---|---|---|
| 낀 | 다 | | | | | | | | | | |

| | | | | | | | | | | | |
|---|---|---|---|---|---|---|---|---|---|---|---|
| | | | | | | | | | | | |

2. 속담을 또박또박 써 보세요.

3. 바르게 쓴 것에 ○ 하세요.

굴르는 | 구르는 돌은 이끼가 안 낀다

# 10 웃음이 보약이다

많이 웃으면 마음이 즐거워지고 건강에도 도움이 된다는 뜻이에요.

## 웃는 문으로 복이 들어온다

웃으면 좋은 일이 찾아온다는 뜻이에요.

공부한 날: 월 일

1. 속담을 읽고 따라 써 보세요.

| 웃 | 음 | 이 | | 보 | 약 | 이 | 다 | | | | |
|---|---|---|---|---|---|---|---|---|---|---|---|
| 웃 | 음 | 이 | | 보 | 약 | 이 | 다 | | | | |
| 웃 | 음 | 이 | | 보 | 약 | 이 | 다 | | | | |
| | | | | | | | | | | | |
| | | | | | | | | | | | |

2. 속담을 또박또박 써 보세요.

3. 빈칸을 채워 속담을 완성해 보세요.

☐☐ 이 ☐☐ 이다

## 속담 QUIZ

______ 안에 알맞은 낱말을 쓰세요.

| 이끼 | 고양이 | 등잔 | 송아지 | 돌다리 | 아랫물 | 바늘 | 실 |
|---|---|---|---|---|---|---|---|

- ▶ ______ 밑이 어둡다
- ▶ 윗물이 맑아야 ______ 이 맑다
- ▶ 구르는 돌은 ______ 가 안 낀다
- ▶ ______ 도둑이 소도둑 된다
- ▶ ______ 도 두들겨 보고 건너라

제2장

# 어울리며 배우는 인간관계

# 11 바늘 가는 데 실 간다

바늘이 가는 데 항상 실이 뒤따른다는 뜻으로, 무척 친한 사이를 의미하는 말이에요.

○월 ○일 ○요일

오늘 학교가 끝나고 여름이랑 집에 가는데 선생님을 만났다. 선생님은 여름이랑 날 보더니 '**바늘 가는 데 실 간다**더니 학교에서도 밖에서도 붙어 다니는구나.'라고 말씀하셨다. 여름이랑 있으면 너무 즐거워서 계속 붙어 다니게 된다. 여름이가 바늘, 내가 실인가 보다.

## 용 가는 데 구름 가고 범 가는 데 바람 간다

반드시 같이 다녀서 둘이 서로 떠나지 않는 경우를 표현하는 말이에요.

공부한 날: 월 일

1. 속담을 읽고 따라 써 보세요.

| 바 | 늘 | | 가 | 는 | | 데 | | 실 | | 간 | 다 |
|---|---|---|---|---|---|---|---|---|---|---|---|
| 바 | 늘 | | 가 | 는 | | 데 | | 실 | | 간 | 다 |
| 바 | 늘 | | 가 | 는 | | 데 | | 실 | | 간 | 다 |
| | | | | | | | | | | | |
| | | | | | | | | | | | |

2. 속담을 또박또박 써 보세요.

3. 바르게 쓴 것에 ○ 하세요.

바늘 가는 데 | 대 실 간다

# 12 가는 말이 고와야 오는 말이 곱다

다른 사람에게 말이나 행동을 좋게 해야 다른 사람도 나에게 좋게 한다는 뜻이에요.

비슷한 속담

## 가는 정이 있어야 오는 정이 있다

다른 사람에게 말이나 행동을 좋게 해야 다른 사람도 나에게 좋게 한다는 말이에요.

공부한 날:　　　월　　일

## 1. 속담을 읽고 따라 써 보세요.

| 가 | 는 |  | 말 | 이 |  | 고 | 와 | 야 |  | 오 | 는 |
|---|---|---|---|---|---|---|---|---|---|---|---|
| 말 | 이 |  | 곱 | 다 |  |  |  |  |  |  |  |



| 가 | 는 |  | 말 | 이 |  | 고 | 와 | 야 |  | 오 | 는 |
|---|---|---|---|---|---|---|---|---|---|---|---|
| 말 | 이 |  | 곱 | 다 |  |  |  |  |  |  |  |



## 2. 속담을 또박또박 써 보세요.

## 3. 빈칸을 채워 속담을 완성해 보세요.

가는 [　]이 고와야 오는 [　]이 곱다

# 13 원수는 외나무다리에서 만난다

싫어하는 사람을 피할 수 없는 자리에서 마주친다는 뜻이에요.

**비슷한 속담**

## 외나무다리에서 만날 날이 있다

한 개의 통나무로 된 다리 위에서는 누가 양보하지 않으면 마주 오는 사람을 피할 수 없어요. 그러니까 다른 사람과 항상 사이좋게 지내야겠죠?

공부한 날:　　　월　　　일

1. 속담을 읽고 따라 써 보세요.

| 원 | 수 | 는 |  | 외 | 나 | 무 | 다 | 리 | 에 | 서 |  |
|---|---|---|---|---|---|---|---|---|---|---|---|
| 만 | 난 | 다 |  |  |  |  |  |  |  |  |  |

| 원 | 수 | 는 |  | 외 | 나 | 무 | 다 | 리 | 에 | 서 |  |
|---|---|---|---|---|---|---|---|---|---|---|---|
| 만 | 난 | 다 |  |  |  |  |  |  |  |  |  |

|  |  |  |  |  |  |  |  |  |  |  |  |
|---|---|---|---|---|---|---|---|---|---|---|---|
|  |  |  |  |  |  |  |  |  |  |  |  |

2. 속담을 또박또박 써 보세요.

3. 바르게 쓴 것에 ○ 하세요.

원수는 외나무 | 왜나무 다리에서 만난다

# 14 고래 싸움에 새우 등 터진다

힘센 사람들끼리 다투면, 아무 상관도 없는 약한 사람이 피해를 입는다는 뜻이에요.

**○월 ○일 ○요일**

점심을 먹고 학교 운동장에서 선배들과 축구를 했다. 축구를 하다가 갑자기 선배들끼리 다투기 시작했다. **고래 싸움에 새우 등 터진다**더니 선배들이 다투는 바람에 후배인 우리가 눈치를 보느라 축구를 못 했다. 나는 이런 선배가 되지 않을 것이다.

**비슷한 속담**

## 두꺼비 싸움에 파리 치인다

강한 사람들이 싸우는 통에 약한 사람들이 억울하게 피해를 입는 경우를 뜻해요.

공부한 날: 월 일

1. 속담을 읽고 따라 써 보세요.

| 고 | 래 | | 싸 | 움 | 에 | | 새 | 우 | | 등 | |
|---|---|---|---|---|---|---|---|---|---|---|---|
| 터 | 진 | 다 | | | | | | | | | |
| 고 | 래 | | 싸 | 움 | 에 | | 새 | 우 | | 등 | |
| 터 | 진 | 다 | | | | | | | | | |
| | | | | | | | | | | | |
| | | | | | | | | | | | |

2. 속담을 또박또박 써 보세요.

3. 빈칸을 채워 속담을 완성해 보세요.

☐☐ 싸움에 ☐☐ 등 터진다

# 15 똥 묻은 개가 겨 묻은 개 나무란다

자기는 더 큰 흉을 가지고 있으면서 도리어 다른 사람의 작은 흉을 비웃는다는 뜻이에요. '겨'는 곡식을 찧어 벗겨 낸 껍질이에요.

**비슷한 속담**

## 숯이 검정 나무란다

새까만 숯이 검은 것을 지적한다는 뜻이에요. 나의 잘못은 생각하지 않고 다른 사람의 허물을 들춰내는 행동을 의미해요.

공부한 날: 월 일

## 1. 속담을 읽고 따라 써 보세요.

| 똥 | | 묻 | 은 | | 개 | 가 | | 겨 | | 묻 | 은 |
|---|---|---|---|---|---|---|---|---|---|---|---|
| 개 | | 나 | 무 | 란 | 다 | | | | | | |

| 똥 | | 묻 | 은 | | 개 | 가 | | 겨 | | 묻 | 은 |
|---|---|---|---|---|---|---|---|---|---|---|---|
| 개 | | 나 | 무 | 란 | 다 | | | | | | |

| | | | | | | | | | | | |
|---|---|---|---|---|---|---|---|---|---|---|---|
| | | | | | | | | | | | |

## 2. 속담을 또박또박 써 보세요.

## 3. 바르게 쓴 것에 ○ 하세요.

겨 묻은 게 | 개 나무란다

# 16 남의 손의 떡은 커 보인다

다른 사람의 물건이 내가 가진 것보다 더 좋아 보이고, 다른 사람의 일이 내가 하는 일보다 더 쉬워 보인다는 뜻이에요.

○월 ○일 ○요일

오늘은 가족들과 케이크를 먹었다. 한 조각씩 잘라서 접시에 담았는데, 누나 접시에 담긴 케이크가 내 케이크보다 더 커 보였다. 이런 속마음을 눈치챘는지 누나가 "원래 '**남의 손의 떡은 커 보인다**'라고 생각하기 마련이야. 크기는 똑같으니까 욕심내지 마!"라고 말해서 정신이 번쩍 들었다.

## 남의 밥에 든 콩이 굵어 보인다

내 것보다 다른 사람의 것이 더 좋아 보인다는 뜻이에요. 하지만 정말 그럴까요? 콩의 굵기는 비슷하고, 내 욕심이 더 큰 것이지요.

공부한 날: 월 일

1. 속담을 읽고 따라 써 보세요.

| 남 | 의 | | 손 | 의 | | 떡 | 은 | | 커 | | 보 |
|---|---|---|---|---|---|---|---|---|---|---|---|
| 인 | 다 | | | | | | | | | | |

| 남 | 의 | | 손 | 의 | | 떡 | 은 | | 커 | | 보 |
|---|---|---|---|---|---|---|---|---|---|---|---|
| 인 | 다 | | | | | | | | | | |

2. 속담을 또박또박 써 보세요.

3. 빈칸을 채워 속담을 완성해 보세요.

☐ 의 ☐ 의 ☐ 은 커 보인다

# 17 뛰는 놈 위에 나는 놈 있다

아무리 재주가 뛰어나도 그보다 더 뛰어난 사람이 있다는 속담이에요. 늘 겸손할 줄 알아야 한다는 뜻이에요.

오늘은 '토끼와 거북이'를 읽었다. 토끼는 자기가 제일 빠르다고 자만해서 낮잠을 잤다. 거북이는 포기하지 않고 끝까지 걸었고 결국 토끼를 이겼다. 이 이야기를 읽고 **'뛰는 놈 위에 나는 놈 있다'**라는 속담이 떠올랐다. 항상 겸손하고 다른 사람에게도 배울 점이 있다는 것을 잊지 말아야겠다.

**비슷한 속담**

## 나는 놈 위에 타는 놈 있다

스스로를 뽐내는 사람을 경계하고, 항상 겸손해야 한다는 뜻이에요.

공부한 날: 월 일

1. 속담을 읽고 따라 써 보세요.

| 뛰 | 는 | | 놈 | | 위 | 에 | | 나 | 는 | | 놈 |
|---|---|---|---|---|---|---|---|---|---|---|---|
| 있 | 다 | | | | | | | | | | |

| 뛰 | 는 | | 놈 | | 위 | 에 | | 나 | 는 | | 놈 |
|---|---|---|---|---|---|---|---|---|---|---|---|
| 있 | 다 | | | | | | | | | | |

2. 속담을 또박또박 써 보세요.

3. 빈칸을 채워 속담을 완성해 보세요.

☐☐ 놈 위에 ☐☐ 놈 있다

# 18 가재는 게 편

가재와 게처럼 모양이나 상황이 비슷한 것끼리 서로 잘 어울리고, 사정을 봐주며 감싸 주기 쉽다는 뜻이에요.

## 유유상종(類類相從)

같은 무리끼리 서로 친하다는 뜻이에요. 하지만 친한 친구라고 해서 무조건 감싸 주는 것은 올바른 태도가 아니에요.

공부한 날: 월 일

1. 속담을 읽고 따라 써 보세요.

| 가 | 재 | 는 | | 게 | | 편 | | | | | |
|---|---|---|---|---|---|---|---|---|---|---|---|
| 가 | 재 | 는 | | 게 | | 편 | | | | | |
| 가 | 재 | 는 | | 게 | | 편 | | | | | |
| | | | | | | | | | | | |
| | | | | | | | | | | | |

2. 속담을 또박또박 써 보세요.

3. 바르게 쓴 것에 ○ 하세요.

가재는 | 가제는 게 편

# 19 믿는 도끼에 발등 찍힌다

잘될 것이라고 믿었던 일이 어긋나거나 믿었던 사람이 배반해서 오히려 피해를 입는다는 뜻이에요.

내 친구 가을이에게

가을아, 어제 만나서 놀기로 했는데 약속을 지키지 못해서 미안해. '믿는 도끼에 발등 찍힌다'라고 생각하지 않으면 좋겠어. 너랑 놀고 싶었는데 갑자기 배탈이 나서 약속을 취소할 수밖에 없었어. 내일은 꼭 놀자! 이 편지 받고 기분 풀기를 바랄게.

겨울이가

## 믿었던 돌에 발부리 채었다

길을 걷는 동안 발끝에 돌이 걸리면 불편하죠? 방해하지 않을 것이라고 생각한 돌이 발끝에 걸려 피해를 입는다는 뜻이에요.

공부한 날:　　월　　일

1. 속담을 읽고 따라 써 보세요.

| 믿 | 는 |  | 도 | 끼 | 에 |  | 발 | 등 |  | 찍 | 힌 |
|---|---|---|---|---|---|---|---|---|---|---|---|
| 다 |  |  |  |  |  |  |  |  |  |  |  |

| 믿 | 는 |  | 도 | 끼 | 에 |  | 발 | 등 |  | 찍 | 힌 |
|---|---|---|---|---|---|---|---|---|---|---|---|
| 다 |  |  |  |  |  |  |  |  |  |  |  |

2. 속담을 또박또박 써 보세요.

3. 빈칸을 채워 속담을 완성해 보세요.

믿는 ☐☐ 에 ☐☐ 찍힌다

# 20 종이도 네 귀를 들어야 바르다

무슨 일이든 하나도 빠짐없이 힘을 합쳐야 올바르게 이루어진다는 것을 의미해요. '귀'는 물건의 모서리예요.

**비슷한 속담**

## 모기도 모이면 천둥소리 난다

힘없고 미약한 것이라도 많이 모이면 큰 힘을 낼 수 있다는 말이에요. 협동의 중요성을 나타내는 속담이에요.

공부한 날: 월 일

1. 속담을 읽고 따라 써 보세요.

| 종 | 이 | 도 | | 네 | | 귀 | 를 | | 들 | 어 | 야 |
|---|---|---|---|---|---|---|---|---|---|---|---|
| 바 | 르 | 다 | | | | | | | | | |

| 종 | 이 | 도 | | 네 | | 귀 | 를 | | 들 | 어 | 야 |
|---|---|---|---|---|---|---|---|---|---|---|---|
| 바 | 르 | 다 | | | | | | | | | |

2. 속담을 또박또박 써 보세요.

3. 빈칸을 채워 속담을 완성해 보세요.

☐☐ 도 네 귀를 들어야 ☐☐☐

# 속담 QUIZ

**뜻풀이와 알맞은 속담을 연결하세요.**

| | |
| --- | --- |
| 똥 묻은 개가 겨 묻은 개 나무란다 | 가재와 게처럼 모양이나 상황이 비슷한 것끼리 서로 잘 어울리고, 사정을 봐주며 감싸 주기 쉽다는 뜻이에요. |
| 바늘 가는 데 실 간다 | 힘센 사람들끼리 다투면, 아무 상관도 없는 약한 사람이 피해를 입는다는 뜻이에요. |
| 고래 싸움에 새우 등 터진다 | 다른 사람의 물건이 내가 가진 것보다 더 좋아 보이고, 다른 사람의 일이 내가 하는 일보다 더 쉬워 보인다는 뜻이에요. |
| 남의 손의 떡은 커 보인다 | 바늘이 가는 데 항상 실이 뒤따른다는 뜻으로, 무척 친한 사이를 의미하는 말이에요. |
| 가재는 게 편 | 자기는 더 큰 흉을 가지고 있으면서 도리어 다른 사람의 작은 흉을 비웃는다는 뜻이에요. |

## 제3장

# 넘어져도 일어나는 용기와 희망

# 21 공든 탑이 무너지랴

정성을 다해 쌓은 탑은 무너질 리 없다는 말이에요. 노력하면 좋은 결과를 얻는다는 의미예요.

비슷한 속담

## 지성이면 감천이다

정성이 지극하면 하늘도 감동하게 된다는 뜻으로, 정성을 다하면 아주 어려운 일도 순조롭게 풀린다는 말이에요.

공부한 날: 월 일

1. 속담을 읽고 따라 써 보세요.

| 공 | 든 |  | 탑 | 이 |  | 무 | 너 | 지 | 랴 |  |  |
|---|---|---|---|---|---|---|---|---|---|---|---|
| 공 | 든 |  | 탑 | 이 |  | 무 | 너 | 지 | 랴 |  |  |
| 공 | 든 |  | 탑 | 이 |  | 무 | 너 | 지 | 랴 |  |  |
|  |  |  |  |  |  |  |  |  |  |  |  |
|  |  |  |  |  |  |  |  |  |  |  |  |

2. 속담을 읽고 또박또박 써 보세요.

3. 바르게 쓴 것에 ○ 하세요.

공든 타비 | 탑이 무너지랴

# 22 쥐구멍에도 볕 들 날 있다

지금 당장 힘들고 어려운 사람에게도 좋은 기회가 올 때가 있다는 뜻입니다.

비슷한 사자성어

## 고진감래(苦盡甘來)

쓴 것이 다하면 단 것이 온다는 뜻으로, 고생 끝에 즐거움이 온다는 말이에요.

공부한 날: 월 일

1. 속담을 읽고 따라 써 보세요.

| 쥐 | 구 | 멍 | 에 | 도 | | 볕 | | 들 | | 날 | |
|---|---|---|---|---|---|---|---|---|---|---|---|
| 있 | 다 | | | | | | | | | | |

| 쥐 | 구 | 멍 | 에 | 도 | | 볕 | | 들 | | 날 | |
|---|---|---|---|---|---|---|---|---|---|---|---|
| 있 | 다 | | | | | | | | | | |

2. 속담을 또박또박 써 보세요.

3. 빈칸을 채워 속담을 완성해 보세요.

☐☐☐ 에도 ☐ ☐ ☐ 있다

# 23 길고 짧은 것은 대어 보아야 안다

크고 작고, 이기고 지고, 잘하고 못하는 것은 직접 겨루어 보거나 겪어 봐야 확실히 알 수 있다는 말이에요.

**○월 ○일 ○요일**

오늘은 개학 날! 오랜만에 친구들을 만나서 기분이 좋았다. 봄이가 나를 보더니 방학 동안 키가 많이 자란 것 같다고 했다. **길고 짧은 것은 대어 보아야 안다**고, 집에 와서 키를 재어 보니 3cm가 자랐다. 앞으로 밥도 잘 챙겨 먹고 운동도 열심히 해서 키가 더 많이 크면 좋겠다.

**비슷한 속담**

## 깊고 얕은 물은 건너 보아야 안다

사람은 겉만 보고 알 수 없고, 오랫동안 직접 겪어 봐야 알 수 있다는 말이에요.

공부한 날: 월 일

1. 속담을 읽고 따라 써 보세요.

| 길 | 고 |  | 짧 | 은 |  | 것 | 은 |  | 대 | 어 |  |
|---|---|---|---|---|---|---|---|---|---|---|---|
| 보 | 아 | 야 |  | 안 | 다 |  |  |  |  |  |  |

| 길 | 고 |  | 짧 | 은 |  | 것 | 은 |  | 대 | 어 |  |
|---|---|---|---|---|---|---|---|---|---|---|---|
| 보 | 아 | 야 |  | 안 | 다 |  |  |  |  |  |  |

2. 속담을 또박또박 써 보세요.

3. 바르게 쓴 것에 ○ 하세요.

길고 짧은 것은 대어 | 데어

보아야 안다

# 24 개미는 작아도 탑을 쌓는다

아무리 보잘것없고 힘이 없는 사람이라도 꾸준히 노력하면 훌륭한 일을 이룰 수 있다는 말이에요.

## 티끌 모아 태산

아무리 작은 것이라도 모이고 모이면 큰 덩어리가 된다는 말이에요.

공부한 날: 월 일

1. 속담을 읽고 따라 써 보세요.

| 개 | 미 | 는 | | 작 | 아 | 도 | | 탑 | 을 | | 쌓 |
|---|---|---|---|---|---|---|---|---|---|---|---|
| 는 | 다 | | | | | | | | | | |

| 개 | 미 | 는 | | 작 | 아 | 도 | | 탑 | 을 | | 쌓 |
|---|---|---|---|---|---|---|---|---|---|---|---|
| 는 | 다 | | | | | | | | | | |

2. 속담을 또박또박 써 보세요.

3. 바르게 쓴 것에 ○ 하세요.

개미는 작아도 탑을 싼는다 | 쌓는다

# 25 작은 고추가 더 맵다

몸집이 작은 사람이 큰 사람보다 재주가 뛰어나고 야무지다는 뜻이에요.

비슷한 속담

## 제비는 작아도 강남을 간다

생김새가 작고 볼품없어 보여도 제구실은 다 한다는 말이에요.

공부한 날: 월 일

1. 속담을 읽고 따라 써 보세요.

| 작 | 은 | | 고 | 추 | 가 | | 더 | | 맵 | 다 | |
|---|---|---|---|---|---|---|---|---|---|---|---|
| 작 | 은 | | 고 | 추 | 가 | | 더 | | 맵 | 다 | |
| 작 | 은 | | 고 | 추 | 가 | | 더 | | 맵 | 다 | |
| | | | | | | | | | | | |
| | | | | | | | | | | | |

2. 속담을 또박또박 써 보세요.

3. 빈칸을 채워 속담을 완성해 보세요.

작은 □□ 가 더 □□

# 26 하늘은 스스로 돕는 자를 돕는다

하늘은 스스로 노력하는 사람을 성공하게 만든다는 뜻이에요. 어떤 일을 이루기 위해서는 자신의 노력이 중요하다는 의미예요.

**○월 ○일 ○요일**

오늘은 어려운 수학 문제를 중간에 포기하지 않고 끝까지 풀었다. 선생님께서 교과서에 크게 동그라미를 쳐 주실 때 기분이 좋았다. 열심히 노력하더니 잘 풀었다고 칭찬도 받았다. **하늘은 스스로 돕는 자를 돕는다**더니 노력하면 보상이 따른다는 걸 느꼈다.

**비슷한 속담**

## 공든 탑이 무너지랴

노력하면 헛되지 않고 좋은 결과를 얻는다는 뜻이에요.

공부한 날:　　　월　　　일

1. 속담을 읽고 따라 써 보세요.

| 하 | 늘 | 은 | | 스 | 스 | 로 | | 돕 | 는 | | 자 |
|---|---|---|---|---|---|---|---|---|---|---|---|
| 를 | | 돕 | 는 | 다 | | | | | | | |
| 하 | 늘 | 은 | | 스 | 스 | 로 | | 돕 | 는 | | 자 |
| 를 | | 돕 | 는 | 다 | | | | | | | |
| | | | | | | | | | | | |
| | | | | | | | | | | | |

2. 속담을 또박또박 써 보세요.

3. 빈칸을 채워 속담을 완성해 보세요.

□□ 은 □□□ 돕는 자를 돕는다

# 27 숲이 깊어야 도깨비가 나온다

일정한 바탕이나 조건이 갖춰져야 알맞은 내용이 따른다는 말이에요. 충분히 준비되어야 뜻밖의 결과가 나온다는 의미예요.

## 비슷한 속담

### 콩 심은 데 콩 나고 팥 심은 데 팥 난다

어떤 일을 하든 그에 맞는 결과가 생긴다는 뜻이에요.

공부한 날: 월 일

1. 속담을 읽고 따라 써 보세요.

| 숲 | 이 | | 깊 | 어 | 야 | | 도 | 깨 | 비 | 가 | |
|---|---|---|---|---|---|---|---|---|---|---|---|
| 나 | 온 | 다 | | | | | | | | | |

| 숲 | 이 | | 깊 | 어 | 야 | | 도 | 깨 | 비 | 가 | |
|---|---|---|---|---|---|---|---|---|---|---|---|
| 나 | 온 | 다 | | | | | | | | | |

| | | | | | | | | | | | |
|---|---|---|---|---|---|---|---|---|---|---|---|
| | | | | | | | | | | | |

2. 속담을 또박또박 써 보세요.

3. 바르게 쓴 것에 ○ 하세요.

숲이 기퍼야 | 깊어야 도깨비가 나온다

# 28 천 리 길도 한 걸음부터

시작하지 않으면 이룰 수 있는 일이 없겠지요? 무슨 일이든 그 일의 시작이 중요하다는 말이에요.

## 리(里)

거리의 단위예요. 1리는 약 400m예요.

공부한 날:　　　월　　　일

## 1. 속담을 읽고 따라 써 보세요.

| 천 | | 리 | | 길 | 도 | | 한 | | 걸 | 음 | 부 |
|---|---|---|---|---|---|---|---|---|---|---|---|
| 터 | | | | | | | | | | | |

| 천 | | 리 | | 길 | 도 | | 한 | | 걸 | 음 | 부 |
|---|---|---|---|---|---|---|---|---|---|---|---|
| 터 | | | | | | | | | | | |

| | | | | | | | | | | | |
|---|---|---|---|---|---|---|---|---|---|---|---|
| | | | | | | | | | | | |

## 2. 속담을 또박또박 써 보세요.

## 3. 빈칸을 채워 속담을 완성해 보세요.

☐ ☐ ☐도 ☐ ☐☐부터

# 29 굼벵이도 구르는 재주가 있다

겉으로 보기에 느리고 약해 보여도 누구에게나 자기만의 재능이 있다는 뜻이에요.

**비슷한 속담**

## 우렁이도 두렁 넘을 꾀가 있다

미련하고 못난 사람도 한 가지 재주는 있다는 말이에요.

공부한 날: 월 일

1. 속담을 읽고 따라 써 보세요.

굼벵이도 구르는 재주가 ∨
있다

굼벵이도 구르는 재주가 ∨
있다

2. 속담을 또박또박 써 보세요.

3. 바르게 쓴 것에 ○ 하세요.

굼벵이도 구르는 재주가 | 제주가
있다

# 30 콩 심은 데 콩 나고 팥 심은 데 팥 난다

모든 일의 결과는 원인에 따라 정직하게 나타난다는 뜻이에요.

**비슷한 속담**

## 오이 덩굴에 오이 열리고 가지 나무에 가지 열린다

모든 일은 원인에 따라 결과가 나타난다는 뜻이에요.

공부한 날: 월 일

## 1. 속담을 읽고 따라 써 보세요.

| 콩 |  | 심 | 은 |  | 데 |  | 콩 |  | 나 | 고 |  |
|---|---|---|---|---|---|---|---|---|---|---|---|
| 팥 |  | 심 | 은 |  | 데 |  | 팥 |  | 난 | 다 |  |

| 콩 |  | 심 | 은 |  | 데 |  | 콩 |  | 나 | 고 |  |
|---|---|---|---|---|---|---|---|---|---|---|---|
| 팥 |  | 심 | 은 |  | 데 |  | 팥 |  | 난 | 다 |  |

## 2. 속담을 또박또박 써 보세요.

## 3. 빈칸을 채워 속담을 완성해 보세요.

□ 심은 데 □ 나고

□ 심은 데 □ 난다

# 속담 QUIZ

안에 알맞은 낱말에 ○ 하세요.

- 굼벵이도 구르는 재주 / 제주 가 있다
- 작은 / 짝은 고추가 더 맵다
- 쥐구멍에도 벼 뜰 날 / 볕 들 날 있다
- 공든 타비 / 탑이 무너지랴
- 숲이 깊어야 도깨비 / 도께비 가 나온다

## 제4장

# 위대한 자연과 귀여운 동물

# 31 호박이 넝쿨째로 굴러떨어졌다

뜻밖에 좋은 물건을 얻거나 좋은 일, 행운이 생긴다는 의미예요. '넝쿨'은 식물의 줄기예요.

○월 ○일 ○요일

오늘은 운이 좋은 날이었다. 버스 카드를 깜박해서 걱정했는데, 봄이가 내 요금까지 찍어 줬다. 점심시간에는 내가 제일 좋아하는 반찬이 나왔다. 집에 갈 때 인형 뽑기를 했는데 가장 가지고 싶은 인형을 한 번에 뽑았다. **'호박이 넝쿨째로 굴러떨어졌다'**라는 속담이 떠오르는 하루였다.

## 호박이 떨어져서 장독으로 굴러 들어간다

뜻밖에 이익이 되는 일이 생겨서 그것이 주머니 안으로 들어온다는 말이에요.

공부한 날: 월 일

**1. 속담을 읽고 따라 써 보세요.**

| 호 | 박 | 이 | | 넝 | 쿨 | 째 | 로 | | 굴 | 러 | 떨 |
|---|---|---|---|---|---|---|---|---|---|---|---|
| 어 | 졌 | 다 | | | | | | | | | |

| 호 | 박 | 이 | | 넝 | 쿨 | 째 | 로 | | 굴 | 러 | 떨 |
|---|---|---|---|---|---|---|---|---|---|---|---|
| 어 | 졌 | 다 | | | | | | | | | |

| | | | | | | | | | | | |
|---|---|---|---|---|---|---|---|---|---|---|---|
| | | | | | | | | | | | |

**2. 속담을 또박또박 써 보세요.**

**3. 바르게 쓴 것에 ○ 하세요.**

호박이 넝쿨채로 | 넝쿨째로

굴러떨어졌다

# 32 지렁이도 밟으면 꿈틀한다

아무리 순하고 좋은 사람이라도 하찮게 여기면 가만히 있지 않는다는 말이에요.

비슷한 속담

## 굼벵이도 밟으면 꿈틀한다

아무리 순하고 좋은 사람이라도 하찮게 여기면 가만있지 않는다는 말이에요.

공부한 날: 월 일

1. 속담을 읽고 따라 써 보세요.

| 지 | 렁 | 이 | 도 | | 밟 | 으 | 면 | | 꿈 | 틀 | 한 |
|---|---|---|---|---|---|---|---|---|---|---|---|
| 다 | | | | | | | | | | | |

| 지 | 렁 | 이 | 도 | | 밟 | 으 | 면 | | 꿈 | 틀 | 한 |
|---|---|---|---|---|---|---|---|---|---|---|---|
| 다 | | | | | | | | | | | |

| | | | | | | | | | | | |
|---|---|---|---|---|---|---|---|---|---|---|---|
| | | | | | | | | | | | |

2. 속담을 또박또박 써 보세요.

3. 바르게 쓴 것에 ○ 하세요.

지렁이도 밟으면 | 발브면 꿈틀한다

# 33 개구리 올챙이 적 생각 못 한다

형편이 예전보다 나아진 사람이 어렵던 때를 생각하지 못하고 처음부터 잘난 것처럼 뽐낼 때 쓰는 말이에요.

**비슷한 속담**

## 거지가 밥술이나 뜨게 되면 거지 밥 한 술 안 준다

가난하게 살던 사람이 형편이 나아지면 도리어 어려운 사람을 생각할 줄 모른다는 말이에요.

공부한 날: 월 일

1. 속담을 읽고 따라 써 보세요.

| 개 | 구 | 리 |  | 올 | 챙 | 이 |  | 적 |  | 생 | 각 |
|---|---|---|---|---|---|---|---|---|---|---|---|
| 못 |  | 한 | 다 |  |  |  |  |  |  |  |  |

| 개 | 구 | 리 |  | 올 | 챙 | 이 |  | 적 |  | 생 | 각 |
|---|---|---|---|---|---|---|---|---|---|---|---|
| 못 |  | 한 | 다 |  |  |  |  |  |  |  |  |

2. 속담을 또박또박 써 보세요.

3. 빈칸을 채워 속담을 완성해 보세요.

개구리 ☐☐☐ 적 ☐☐
못 한다

# 34 닭 쫓던 개 지붕 쳐다본다

개에게 쫓기던 닭이 지붕으로 올라가자 개가 쫓아가지 못하고 지붕만 쳐다본다는 뜻이에요. 애써 하던 일이 실패할 때 쓰는 말이에요.

## 재주를 다 배우고 나니 눈이 어둡다

오랫동안 수고했으나 결과가 좋지 않아 결국 헛수고가 된 상태를 표현하는 말이에요.

공부한 날: 월 일

1. 속담을 읽고 따라 써 보세요.

| 닭 | | 쫓 | 던 | | 개 | | 지 | 붕 | | 쳐 | 다 |
|---|---|---|---|---|---|---|---|---|---|---|---|
| 본 | 다 | | | | | | | | | | |

| 닭 | | 쫓 | 던 | | 개 | | 지 | 붕 | | 쳐 | 다 |
|---|---|---|---|---|---|---|---|---|---|---|---|
| 본 | 다 | | | | | | | | | | |

| | | | | | | | | | | | |
|---|---|---|---|---|---|---|---|---|---|---|---|
| | | | | | | | | | | | |

2. 속담을 또박또박 써 보세요.

3. 바르게 쓴 것에 ○ 하세요.

닥 | 닭 쫓던 개 지붕 쳐다본다

# 35 소 잃고 외양간 고친다

소를 도둑맞고 나서야 빈 외양간을 고치느라 수선을 떤다는 말이에요. 일이 잘못된 뒤에는 손을 써도 소용이 없다는 의미예요.

**○월 ○일 ○요일**

오늘은 자전거를 타다가 넘어져서 무릎을 다쳤다. 무릎 보호대를 하고 타라는 누나의 말을 듣지 않고 자전거를 탔는데, 돌부리에 걸려서 넘어지고 말았다. '**소 잃고 외양간 고친다**'고 다음에는 무릎 보호대를 꼭 하고 타야겠다.

## 외양간

말이나 소를 기르는 공간이에요.

공부한 날: 월 일

## 1. 속담을 읽고 따라 써 보세요.

| 소 |  | 잃 | 고 |  | 외 | 양 | 간 |  | 고 | 친 | 다 |
|---|---|---|---|---|---|---|---|---|---|---|---|
| 소 |  | 잃 | 고 |  | 외 | 양 | 간 |  | 고 | 친 | 다 |
| 소 |  | 잃 | 고 |  | 외 | 양 | 간 |  | 고 | 친 | 다 |
|  |  |  |  |  |  |  |  |  |  |  |  |
|  |  |  |  |  |  |  |  |  |  |  |  |

## 2. 속담을 또박또박 써 보세요.

## 3. 빈칸을 채워 속담을 완성해 보세요.

☐ 잃고 ☐☐☐ 고친다

# 36 금강산도 식후경

아무리 재미있는 일이라도 배가 고프면 즐길 수 없겠지요? 배가 고프면 아무 일도 할 수 없다는 뜻이에요.

이런 뜻이!

## 식후경(食後景)

음식을 먹고 배가 부른 뒤에야 경치를 감상할 맛이 난다는 뜻이에요.

공부한 날: 월 일

1. 속담을 읽고 따라 써 보세요.

| 금 | 강 | 산 | 도 | | 식 | 후 | 경 | | | | |
|---|---|---|---|---|---|---|---|---|---|---|---|
| 금 | 강 | 산 | 도 | | 식 | 후 | 경 | | | | |
| 금 | 강 | 산 | 도 | | 식 | 후 | 경 | | | | |
| | | | | | | | | | | | |
| | | | | | | | | | | | |

2. 속담을 읽고 또박또박 써 보세요.

3. 바르게 쓴 것에 ○ 하세요.

금강산도 식후경 | 시쿠경

# 37 도토리 키 재기

정도가 고만고만한 사람끼리 서로 다툰다는 뜻이에요. 비슷비슷해서 견주어 볼 필요가 없다는 의미예요.

비슷한 속담

## 네 콩이 크니 내 콩이 크니 한다

비슷한 것을 가지고 서로 제 것이 낫다고 다툼을 비유적으로 이르는 말이에요.

공부한 날: 월 일

1. 속담을 읽고 따라 써 보세요.

| 도 | 토 | 리 | | 키 | | 재 | 기 | | | | |
|---|---|---|---|---|---|---|---|---|---|---|---|
| 도 | 토 | 리 | | 키 | | 재 | 기 | | | | |
| 도 | 토 | 리 | | 키 | | 재 | 기 | | | | |
| | | | | | | | | | | | |
| | | | | | | | | | | | |

2. 속담을 또박또박 써 보세요.

3. 빈칸을 채워 속담을 완성해 보세요.

| | | |
|---|---|---|

키

| | |
|---|---|

# 38 꿩 먹고 알 먹는다

한 가지 일로 두 가지 이상의 이익을 얻는다는 뜻이에요.

**○월 ○일 ○요일**

오랜만에 대청소를 했다. 온 가족이 구역을 나눠서 집을 깨끗하게 치웠다. 나는 내 방을 맡았는데, 침대 아래를 쓸다가 천 원이 나와서 기분이 좋았다. **꿩 먹고 알 먹는다**더니 청소를 하니 방도 깨끗해지고 천 원도 생겼다.

## 일석이조(一石二鳥)

돌 한 개를 던져서 새 두 마리를 잡는다는 뜻이에요. 동시에 두 가지 이득을 본다는 말이에요.

공부한 날:　　월　　일

1. 속담을 읽고 따라 써 보세요.

| 꿩 | | 먹 | 고 | | 알 | | 먹 | 는 | 다 | | |
|---|---|---|---|---|---|---|---|---|---|---|---|
| 꿩 | | 먹 | 고 | | 알 | | 먹 | 는 | 다 | | |
| 꿩 | | 먹 | 고 | | 알 | | 먹 | 는 | 다 | | |
| | | | | | | | | | | | |
| | | | | | | | | | | | |

2. 속담을 또박또박 써 보세요.

3. 빈칸을 채워 속담을 완성해 보세요.

☐ 먹고 ☐ 먹는다

# 39 수박 겉 핥기

수박을 먹을 때 딱딱한 겉만 핥고 있으면 맛이 느껴질까요? 사물의 속은 모르고 겉만 건드린다는 말이에요.

## 개 머루 먹듯

개가 머루의 참맛도 모르고 먹어 치우는 것처럼 틀리거나 말거나 일을 건성건성 날려서 한다는 뜻이에요.

공부한 날: 월 일

1. 속담을 읽고 따라 써 보세요.

| 수 | 박 | | 겉 | | 핥 | 기 | | | | | |
|---|---|---|---|---|---|---|---|---|---|---|---|
| 수 | 박 | | 겉 | | 핥 | 기 | | | | | |
| 수 | 박 | | 겉 | | 핥 | 기 | | | | | |
| | | | | | | | | | | | |
| | | | | | | | | | | | |

2. 속담을 또박또박 써 보세요.

3. 바르게 쓴 것에 ○ 하세요.

수박 겉 핥기 | 할끼

# 40 고양이 쥐 생각

고양이와 쥐는 앙숙이지요? 속으로는 해칠 마음을 품고 있으면서 겉으로는 생각해 주는 척한다는 뜻이에요.

## 고양이 쥐 사정 보듯

속으로는 해칠 마음을 품고 있으면서 겉으로는 생각해 주는 척한다는 뜻이에요.

공부한 날: 월 일

## 1. 속담을 읽고 따라 써 보세요.

| 고 | 양 | 이 | | 쥐 | | 생 | 각 | | | | |
|---|---|---|---|---|---|---|---|---|---|---|---|
| 고 | 양 | 이 | | 쥐 | | 생 | 각 | | | | |
| 고 | 양 | 이 | | 쥐 | | 생 | 각 | | | | |
| | | | | | | | | | | | |
| | | | | | | | | | | | |

## 2. 속담을 읽고 또박또박 써 보세요.

## 3. 빈칸을 채워 속담을 완성해 보세요.

| | | | 쥐 | | |
|---|---|---|---|---|---|

# 속담 QUIZ

**사자성어와 알맞은 속담을 연결하세요.**

| | |
|---|---|
| 일석이조(一石二鳥) ● | ● 백지장도 맞들면 낫다 |
| 십시일반(十匙一飯) ● | ● 꿩 먹고 알 먹는다 |
| 고진감래(苦盡甘來) ● | ● 가재는 게 편 |
| 유유상종(類類相從) ● | ● 쥐구멍에도 볕 들 날 있다 |
| 우이독경(牛耳讀經) ● | ● 낫 놓고 기역 자도 모른다 |

## 제5장

# 즐겁고 유쾌한 일상

# 41 낫 놓고 기역 자도 모른다

기역 자 모양 낫을 보면서도 기역 자를 모른다는 뜻이에요. 아주 기초적인 것도 모른다는 의미예요.

**비슷한 사자성어**

## 우이독경(牛耳讀經)

'쇠귀에 경 읽기'라는 뜻으로, 아무리 가르치고 일러 주어도 알아듣지 못한다는 말이에요.

공부한 날: 월 일

1. 속담을 읽고 따라 써 보세요.

| 낫 | | 놓 | 고 | | 기 | 역 | | 자 | 도 | | 모 |
|---|---|---|---|---|---|---|---|---|---|---|---|
| 른 | 다 | | | | | | | | | | |
| 낫 | | 놓 | 고 | | 기 | 역 | | 자 | 도 | | 모 |
| 른 | 다 | | | | | | | | | | |
| | | | | | | | | | | | |
| | | | | | | | | | | | |

2. 속담을 또박또박 써 보세요.

3. 바르게 쓴 것에 ○ 하세요.

낫 노코 | 놓고 기역 자도 모른다

# 42 강물도 쓰면 준다

굉장히 많은 강물도 쓰면 줄어든다는 뜻이에요. 풍부하다고 함부로 헤프게 쓰지 말라는 말이에요.

**○월 ○일 ○요일**

오늘은 새 크레파스로 그림을 그렸다. 도화지 여러 장을 크레파스로 마구 칠했다. 새것이라 양이 넉넉할 줄 알았는데 **강물도 쓰면 준다**더니 예쁜 색 크레파스가 금방 작아졌다. 앞으로 절약하는 습관을 만들어야겠다.

**비슷한 속담**

## 가랑비에 옷 젖는 줄 모른다

아무리 사소한 것이라도 거듭되면 무시하지 못할 정도로 크게 된다는 뜻이에요.

공부한 날: 월 일

1. 속담을 읽고 따라 써 보세요.

| 강 | 물 | 도 | | 쓰 | 면 | | 준 | 다 | | | |
|---|---|---|---|---|---|---|---|---|---|---|---|
| 강 | 물 | 도 | | 쓰 | 면 | | 준 | 다 | | | |
| 강 | 물 | 도 | | 쓰 | 면 | | 준 | 다 | | | |
| | | | | | | | | | | | |
| | | | | | | | | | | | |

2. 속담을 읽고 또박또박 써 보세요.

3. 빈칸을 채워 속담을 완성해 보세요.

| | | 도 쓰면 | | |
|---|---|---|---|---|

# 43 우물 안 개구리

우물 안에 있으면 딱 우물만큼의 하늘만 보이겠죠? 넓은 세상의 형편을 알지 못하는 사람을 가리키는 말이에요.

비슷한 속담

## 바늘구멍으로 하늘 보기

조그만 바늘구멍으로 넓디넓은 하늘을 본다는 뜻으로, 전체를 보지 못한다는 말이에요.

공부한 날: 월 일

1. 속담을 읽고 따라 써 보세요.

| 우 | 물 | | 안 | | 개 | 구 | 리 | | | | |
|---|---|---|---|---|---|---|---|---|---|---|---|
| 우 | 물 | | 안 | | 개 | 구 | 리 | | | | |
| 우 | 물 | | 안 | | 개 | 구 | 리 | | | | |
| | | | | | | | | | | | |
| | | | | | | | | | | | |

2. 속담을 읽고 또박또박 써 보세요.

3. 바르게 쓴 것에 ○ 하세요.

우물 안 게구리 | 개구리

# 44 도둑이 제 발 저리다

죄를 짓고 당당하게 살 수는 없어요. 지은 죄가 있으면 당연히 마음이 조마조마해진다는 뜻이에요.

**비슷한 속담**

## 도둑이 포도청 간다

지은 죄가 드러날까 봐 두려워서 숨기려고 한 일이 도리어 죄를 나타낸다는 말이에요.

공부한 날:　　　월　　　일

1. 속담을 읽고 따라 써 보세요.

| 도 | 둑 | 이 | | 제 | | 발 | | 저 | 리 | 다 | |
|---|---|---|---|---|---|---|---|---|---|---|---|
| 도 | 둑 | 이 | | 제 | | 발 | | 저 | 리 | 다 | |
| 도 | 둑 | 이 | | 제 | | 발 | | 저 | 리 | 다 | |
| | | | | | | | | | | | |
| | | | | | | | | | | | |

2. 속담을 읽고 또박또박 써 보세요.

3. 빈칸을 채워 속담을 완성해 보세요.

☐☐ 이 ☐ ☐ 저리다

# 45 배보다 배꼽이 더 크다

기본이 되는 것보다 덧붙이는 것이 더 많거나 큰 경우를 나타내는 말이에요.

비슷한 속담

## 발보다 발가락이 더 크다

발보다 발에 붙은 발가락이 더 크다는 말이에요. 기본이 되는 것보다 덧붙이는 것이 더 큰 경우를 뜻해요.

공부한 날:　　월　　일

## 1. 속담을 읽고 따라 써 보세요.

| 배 | 보 | 다 |  | 배 | 꼽 | 이 |  | 더 |  | 크 | 다 |
|---|---|---|---|---|---|---|---|---|---|---|---|
| 배 | 보 | 다 |  | 배 | 꼽 | 이 |  | 더 |  | 크 | 다 |
| 배 | 보 | 다 |  | 배 | 꼽 | 이 |  | 더 |  | 크 | 다 |
|  |  |  |  |  |  |  |  |  |  |  |  |
|  |  |  |  |  |  |  |  |  |  |  |  |

## 2. 속담을 읽고 또박또박 써 보세요.

## 3. 빈칸을 채워 속담을 완성해 보세요.

☐ 보다 ☐☐ 이 더 크다

# 46 눈 가리고 아웅

무슨 일이 벌어지는지 알고 있는데 얕은수로 남을 속이려 한다는 말이에요.

비슷한 속담

## 손바닥으로 하늘 가리기

손바닥으로 넓은 하늘을 가린다는 뜻으로, 불리한 상황에 임기응변식으로 대처한다는 말이에요.

공부한 날: 월 일

1. 속담을 읽고 따라 써 보세요.

| 눈 | | 가 | 리 | 고 | | 아 | 웅 | | | | |
|---|---|---|---|---|---|---|---|---|---|---|---|
| 눈 | | 가 | 리 | 고 | | 아 | 웅 | | | | |
| 눈 | | 가 | 리 | 고 | | 아 | 웅 | | | | |
| | | | | | | | | | | | |
| | | | | | | | | | | | |

2. 속담을 읽고 또박또박 써 보세요.

3. 바르게 쓴 것에 ○ 하세요.

눈 갈이고 | 가리고 아웅

# 47 그림의 떡

그림 속에 있는 떡은 맛을 볼 수 없어요. 아무리 마음에 들어도 이용할 수 없거나 차지할 수 없는 경우를 이르는 말이에요.

오늘 봄이가 새 운동화를 신고 왔다. 반짝반짝해서 너무 부러웠다. 나도 새 운동화를 가지고 싶었지만 엄마가 지금 신는 것도 좋다고 하셨다. 봄이 운동화는 나에게 **그림의 떡** 같다. 보기만 하고 가질 수 없으니까. 내 운동화를 깨끗이 닦고 내일도 신어야겠다.

비슷한 속담

## 목마른 사람에게 물소리만 듣고 목을 축이라 한다

말만 달콤할 뿐 실속 있는 대책을 세워 주지 않는다는 뜻이에요.

공부한 날: 월 일

1. 속담을 읽고 따라 써 보세요.

| 그 | 림 | 의 |  | 떡 |  |  |  |  |  |  |  |
|---|---|---|---|---|---|---|---|---|---|---|---|
| 그 | 림 | 의 |  | 떡 |  |  |  |  |  |  |  |
| 그 | 림 | 의 |  | 떡 |  |  |  |  |  |  |  |
|  |  |  |  |  |  |  |  |  |  |  |  |
|  |  |  |  |  |  |  |  |  |  |  |  |

2. 속담을 읽고 또박또박 써 보세요.

3. 빈칸을 채워 속담을 완성해 보세요.

☐☐ 의 ☐

# 48 손 안 대고 코 풀기

손을 쓰지 않고 코를 푼다는 뜻으로, 일을 아주 쉽게 해치운다는 말이에요.

**비슷한 속담**

## 누워서 떡 먹기

하기 쉬운 것을 가리키는 말이에요.

공부한 날: 월 일

1. 속담을 읽고 따라 써 보세요.

| 손 | | 안 | | 대 | 고 | | 코 | | 풀 | 기 | |
|---|---|---|---|---|---|---|---|---|---|---|---|
| 손 | | 안 | | 대 | 고 | | 코 | | 풀 | 기 | |
| 손 | | 안 | | 대 | 고 | | 코 | | 풀 | 기 | |
| | | | | | | | | | | | |
| | | | | | | | | | | | |

2. 속담을 읽고 또박또박 써 보세요.

3. 바르게 쓴 것에 ○ 하세요.

손 안 대고 | 데고 코 풀기

# 49 밑 빠진 독에 물 붓기

애를 써도 보람이 없다는 뜻도 있고, 쓸 곳이 많아 아무리 벌어도 늘 부족하다는 뜻도 있어요.

## 비슷한 속담

### 모래 위에 물 쏟는 격

아무 소용이 없는 헛일을 함을 이르는 말이에요.

공부한 날: 월 일

1. 속담을 읽고 따라 써 보세요.

| 밑 | | 빠 | 진 | | 독 | 에 | | 물 | | 붓 | 기 |
|---|---|---|---|---|---|---|---|---|---|---|---|
| 밑 | | 빠 | 진 | | 독 | 에 | | 물 | | 붓 | 기 |
| 밑 | | 빠 | 진 | | 독 | 에 | | 물 | | 붓 | 기 |
| | | | | | | | | | | | |
| | | | | | | | | | | | |

2. 속담을 읽고 또박또박 써 보세요.

3. 바르게 쓴 것에 ○ 하세요.

밑 빠진 독에 물 붇기 | 붓기

# 50 우물에 가 숭늉 찾는다

모든 일에는 질서와 차례가 있는데, 일의 순서도 모르고 성급하게 뛰어든다는 뜻이에요.

비슷한 속담

## 새벽달 보자고 초저녁부터 기다린다

새벽에 뜨는 달을 보겠다고 초저녁부터 기다린다는 뜻으로, 너무 일찍부터 서두른다는 말이에요.

공부한 날:　　월　　일

1. 속담을 읽고 따라 써 보세요.

| 우 | 물 | 에 |  | 가 |  | 숭 | 늉 |  | 찾 | 는 | 다 |
|---|---|---|---|---|---|---|---|---|---|---|---|
| 우 | 물 | 에 |  | 가 |  | 숭 | 늉 |  | 찾 | 는 | 다 |
| 우 | 물 | 에 |  | 가 |  | 숭 | 늉 |  | 찾 | 는 | 다 |
|  |  |  |  |  |  |  |  |  |  |  |  |
|  |  |  |  |  |  |  |  |  |  |  |  |

2. 속담을 읽고 또박또박 써 보세요.

3. 빈칸을 채워 속담을 완성해 보세요.

□□ 에 가 □□ 찾는다

# 속담 QUIZ

가로세로 낱말 퍼즐을 풀어 보세요.

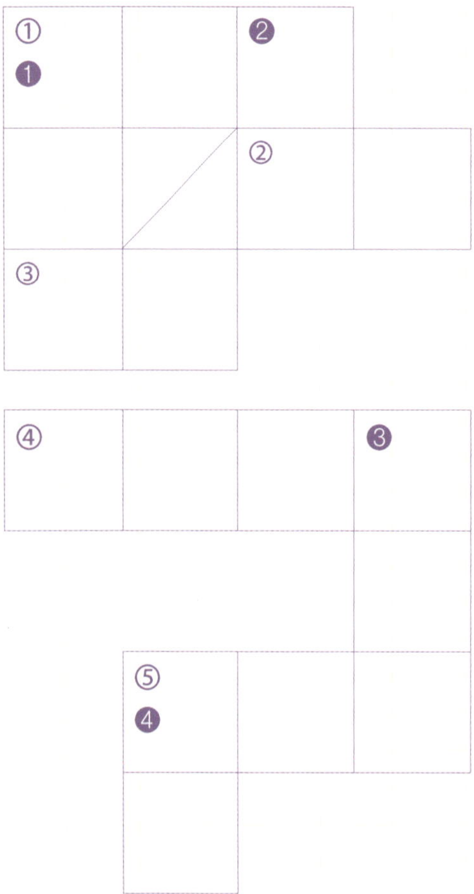

▶ 가로 퍼즐

① 작은 ○○○ 더 맵다

② 굼벵이도 구르는 ○○가 있다

③ 구르는 돌은 ○○가 안 낀다

④ ○○○○ 두들겨 보고 건너라

⑤ ○○○ 올챙이 적 생각 못 한다

▶ 세로 퍼즐

❶ ○○○ 쥐 생각

❷ ○○는 게 편

❸ ○○○ 키 재기

❹ ○○는 작아도 탑을 쌓는다

▶ 가로 퍼즐 정답

① 고추가

② 재주

③ 이끼

④ 돌다리도

⑤ 개구리

▶ 세로 퍼즐 정답

❶ 고양이

❷ 가재

❸ 도토리

❹ 개미